©Copyright 2021 Hannah Memory

©beaandbloom.com de la part de beaandbloom.com, Canva Layouts, Disa Eki, Fusion Books, grmarc2, Iconsolid, iconsy, jemastock2, Lea May Pastrana de la part de Miss March Designs, Maria Minaeva de la part de Maria Minaeva, Marketplace Designers, Miriam Meza Design'y Images, Nainizul de la part de Nainizul, Nica Vitug de la part de Nica Vitug, OneyWhyStudio, Phoenix de la part de Phoenix Team, Sketchify de la part de Sketchify, sparklestroke, Twemoji, WADWADbyYUI de la part de aom's team 3 via Canva.com

LA STAR DES 90'S DE LA SOIRÉE S'APPELLE :

_____

NOUS SOMMES RÉUNIS À :

_____

POUR FÊTER SES :

_____

ANS.

DE : _____

⭐ **QUEL EST LE MEILLEUR CADEAU DE NOËL OU D'ANNIVERSAIRE QUE TU AS REÇU DANS LES ANNÉES 90 ?**

UNE GAME BOY COLOR

UN FURBY

DES POLLY POCKET

AUTRE : _____

UN TAMAGOTCHI

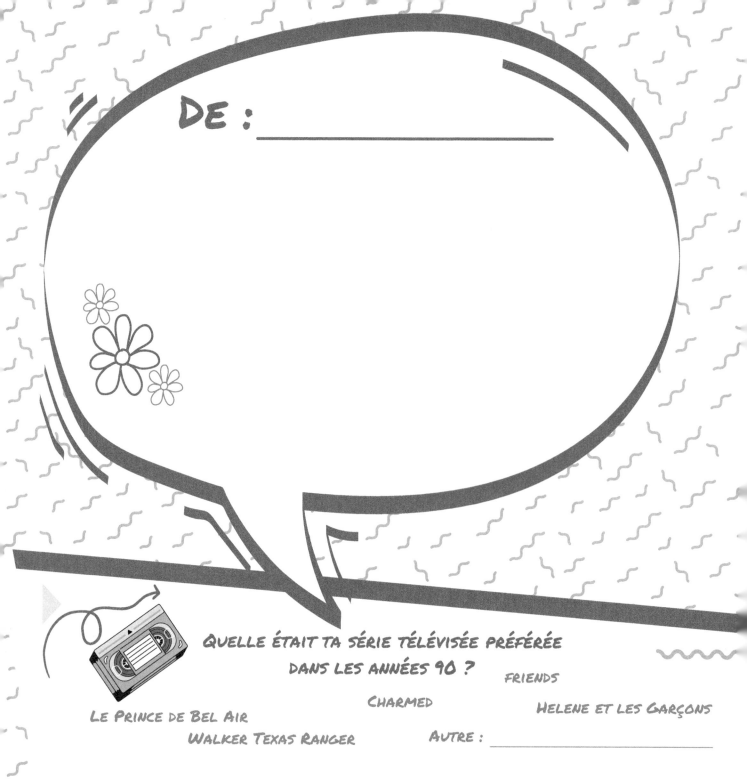

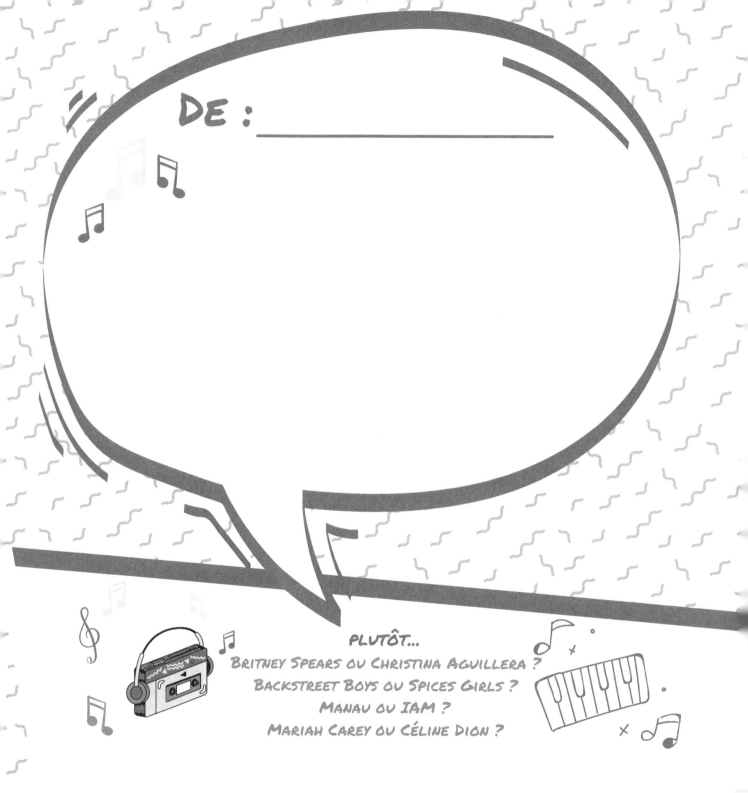

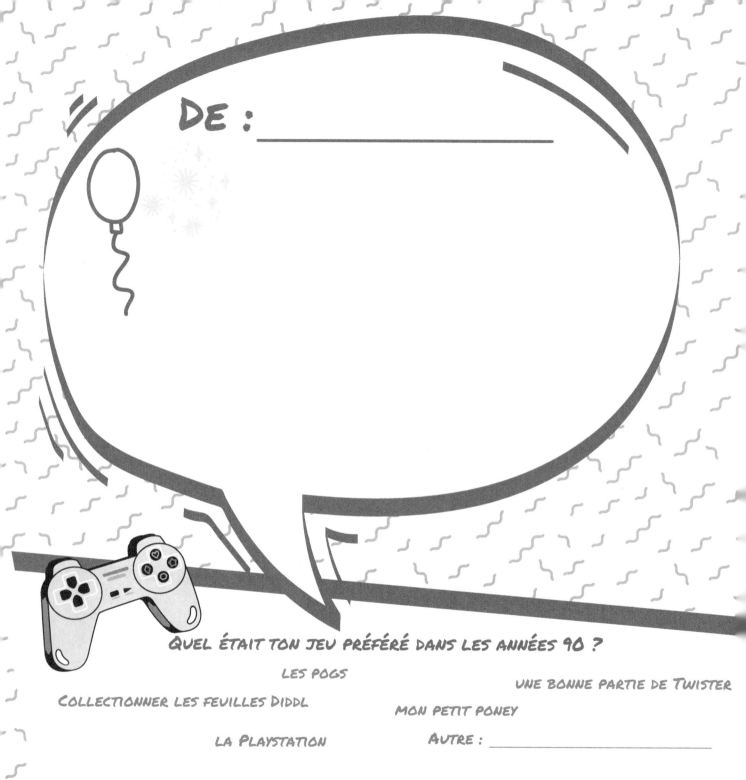

DE : _____

QUEL ÉTAIT TON JEU PRÉFÉRÉ DANS LES ANNÉES 90 ?

LES POGS

UNE BONNE PARTIE DE TWISTER

COLLECTIONNER LES FEUILLES DIDDL

MON PETIT PONEY

LA PLAYSTATION

AUTRE : _____

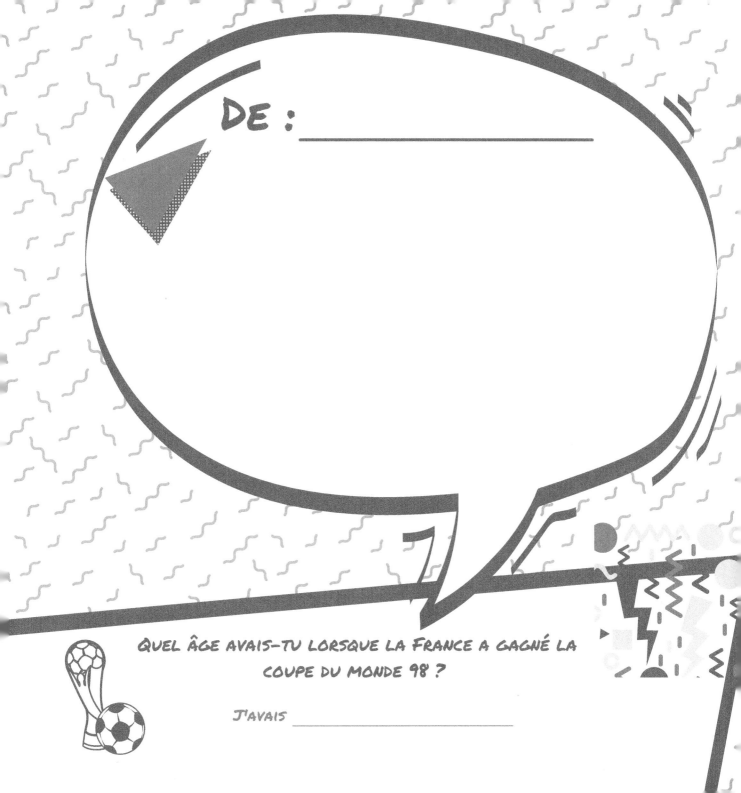

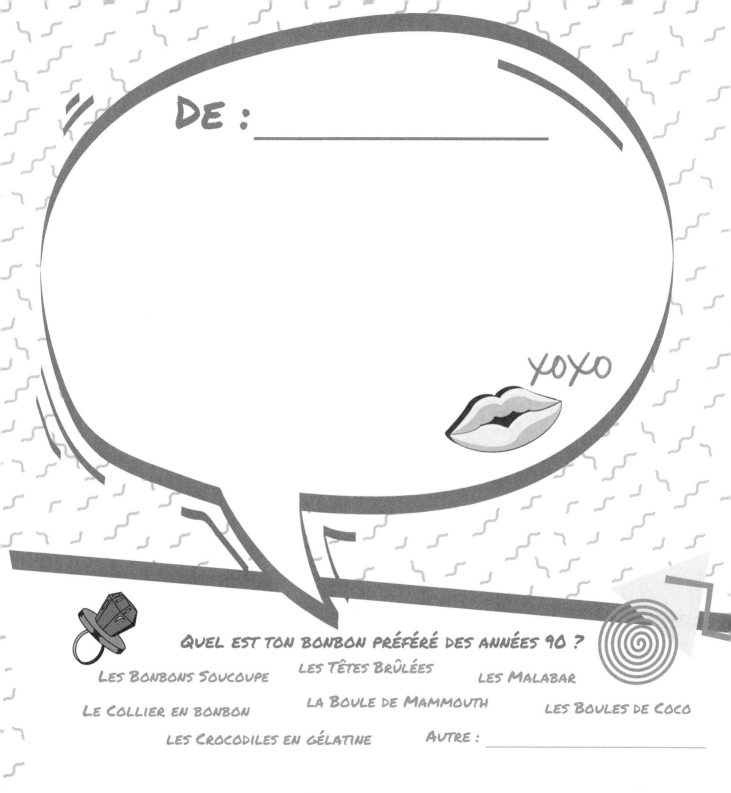

DE : _____

QUEL EST LE MEILLEUR CADEAU DE NOËL OU
D'ANNIVERSAIRE QUE TU AS REÇU DANS LES ANNÉES 90 ?

UNE GAME BOY COLOR

UN FURBY

DES POLLY POCKET

AUTRE : _____

UN TAMAGOTCHI

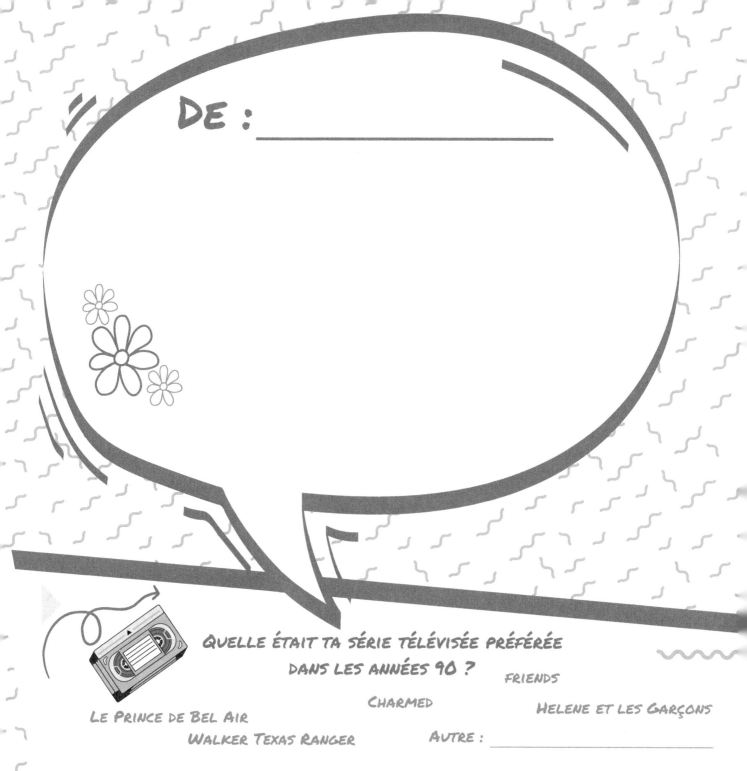

DE : _____

**AU GOÛTER DANS LES ANNÉES 90, TU MANGEAIS QUOI ?**

DES BERLINGOTS DE LAIT CONCENTRÉ       DU DANAO

UN PITCH            UN MR FREEZE            DES BN

DES TARTINES DE NUTELLA      AUTRE : _____

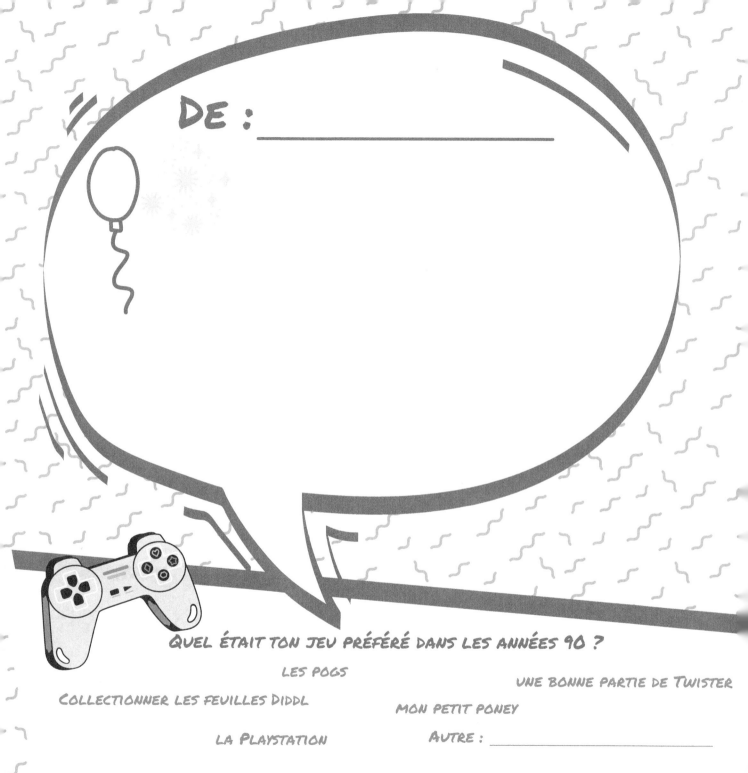

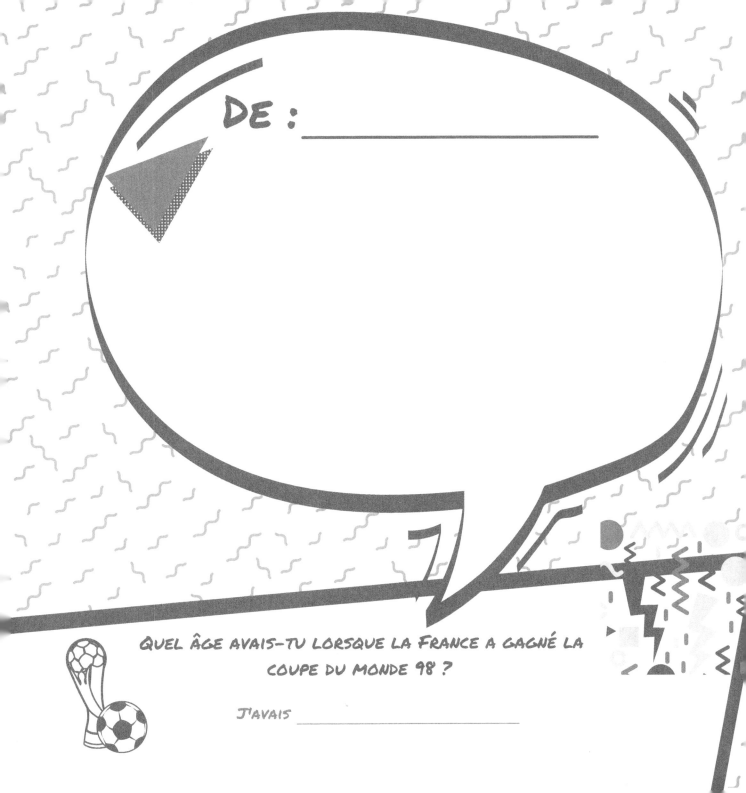

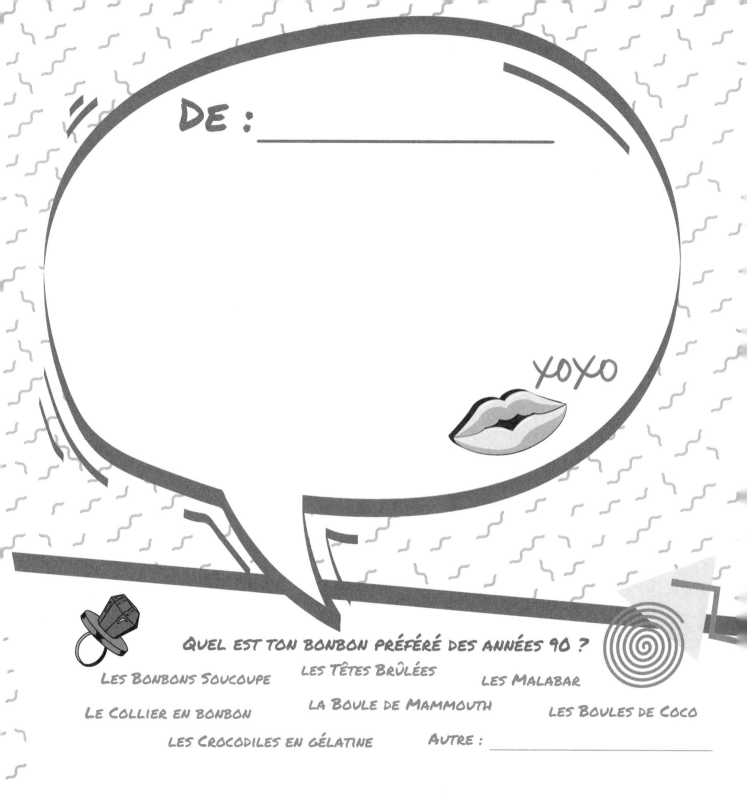

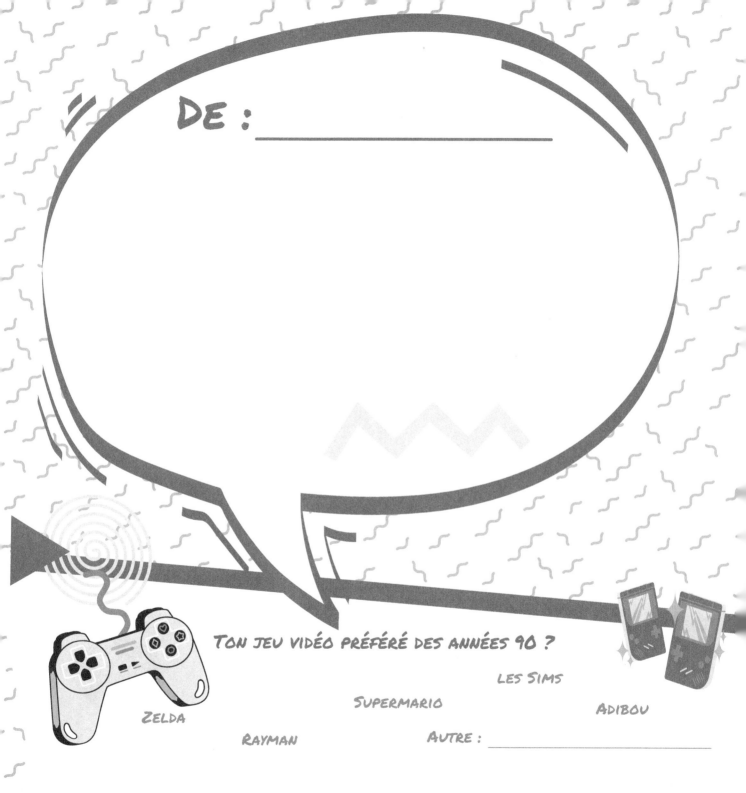

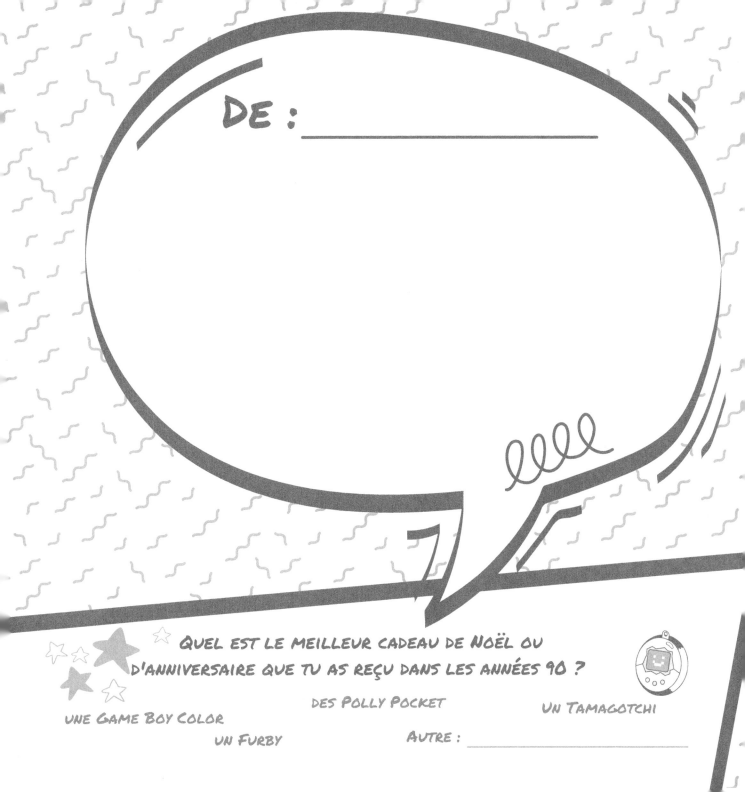

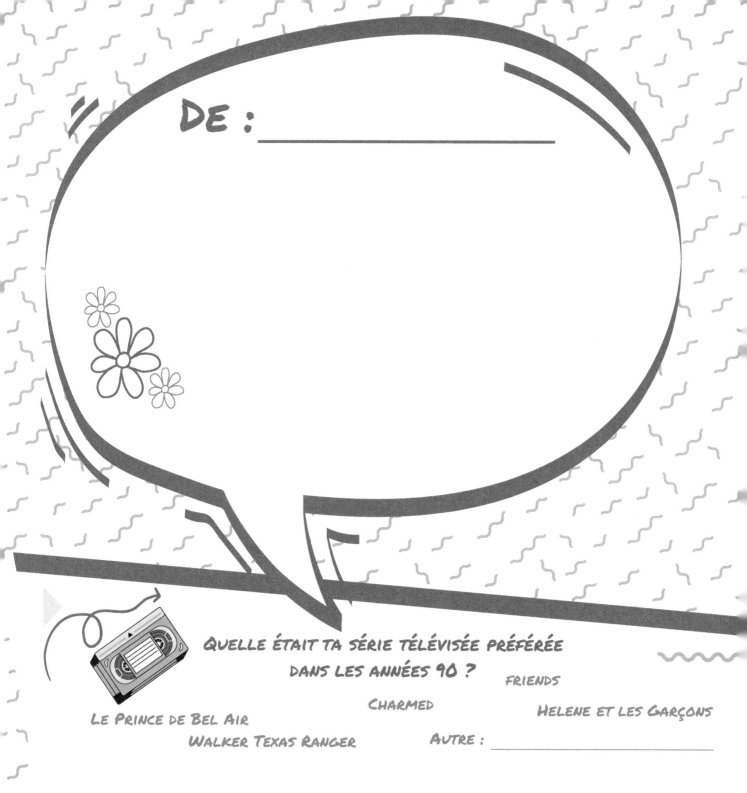

DE : _____

**AU GOÛTER DANS LES ANNÉES 90, TU MANGEAIS QUOI ?**

- DES BERLINGOTS DE LAIT CONCENTRÉ
- DU DANAO
- UN PITCH
- UN MR FREEZE
- DES BN
- DES TARTINES DE NUTELLA
- AUTRE : _____

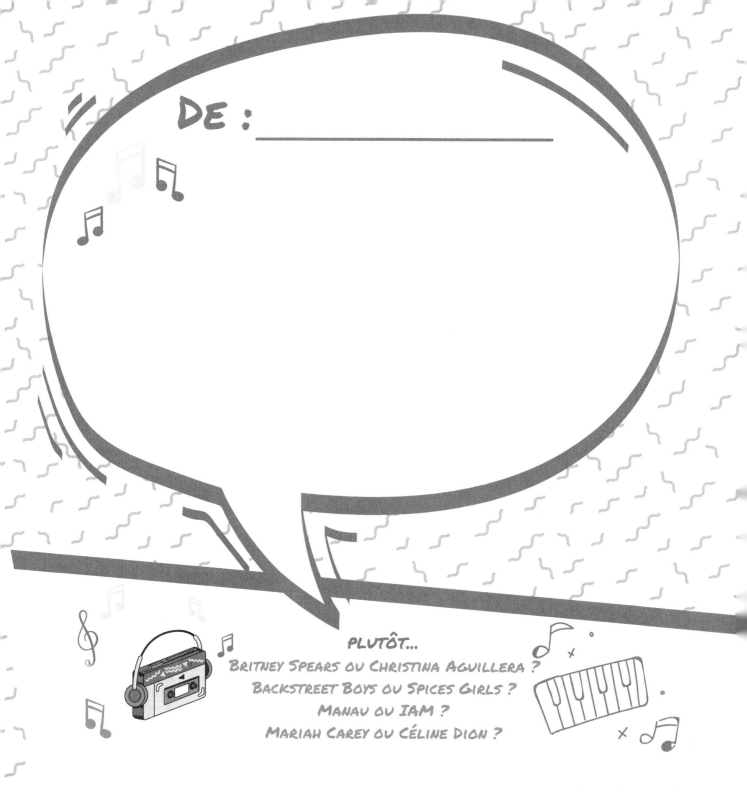

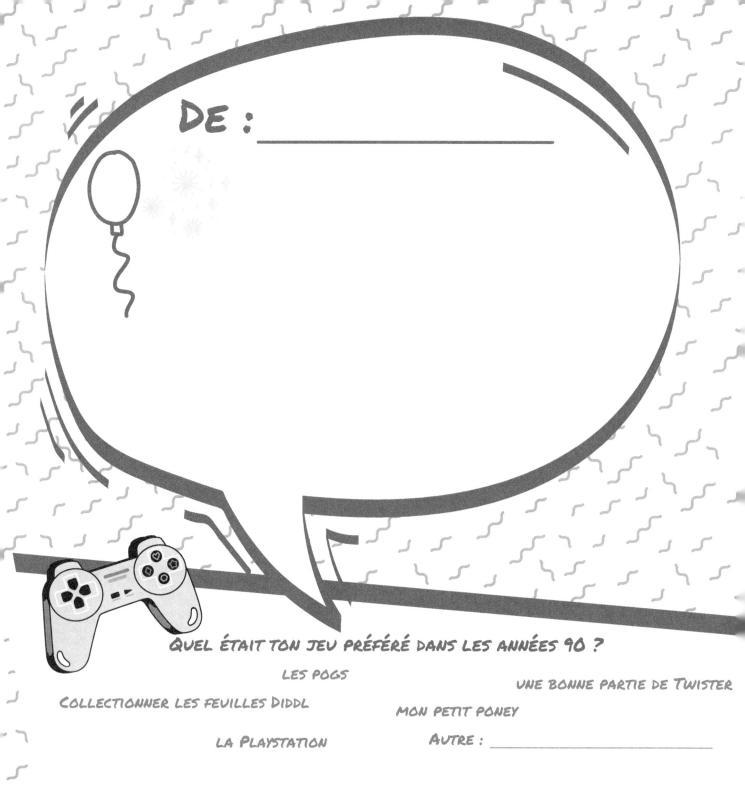

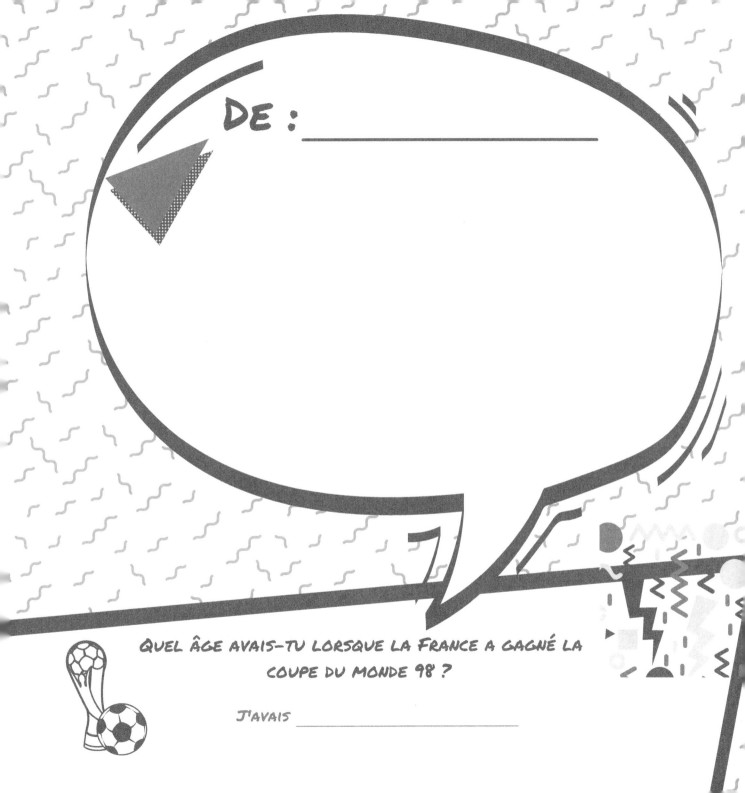

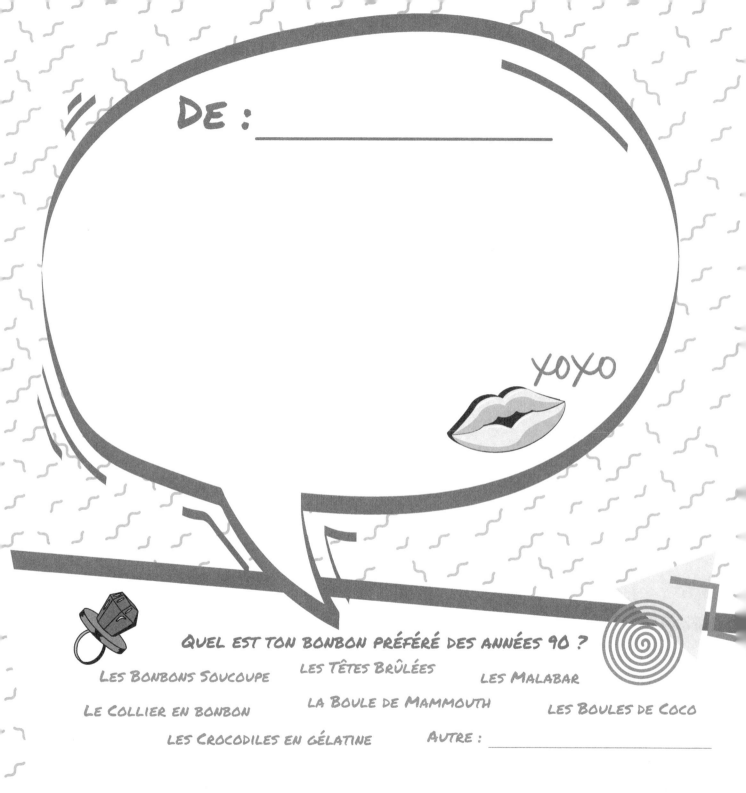

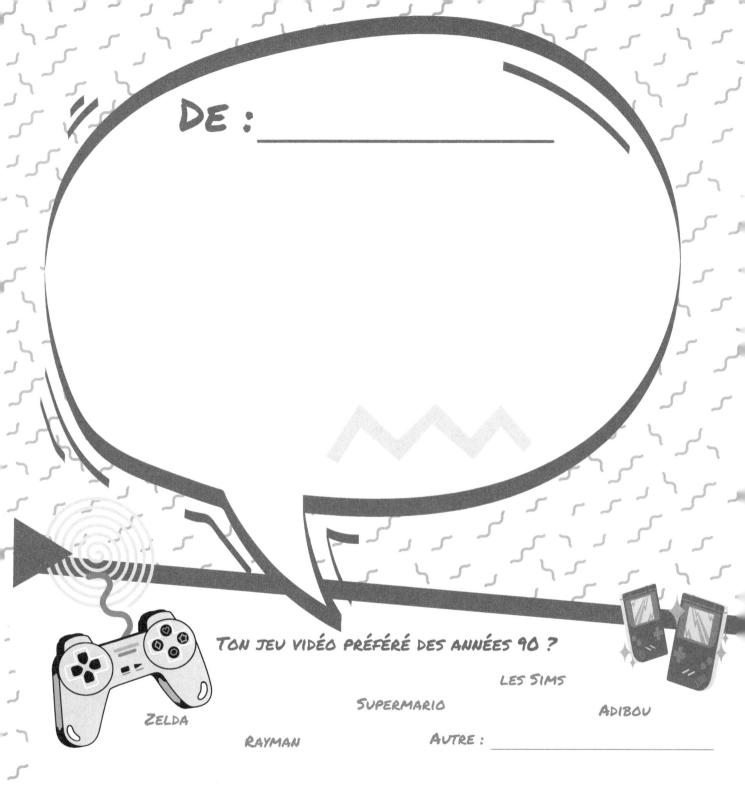

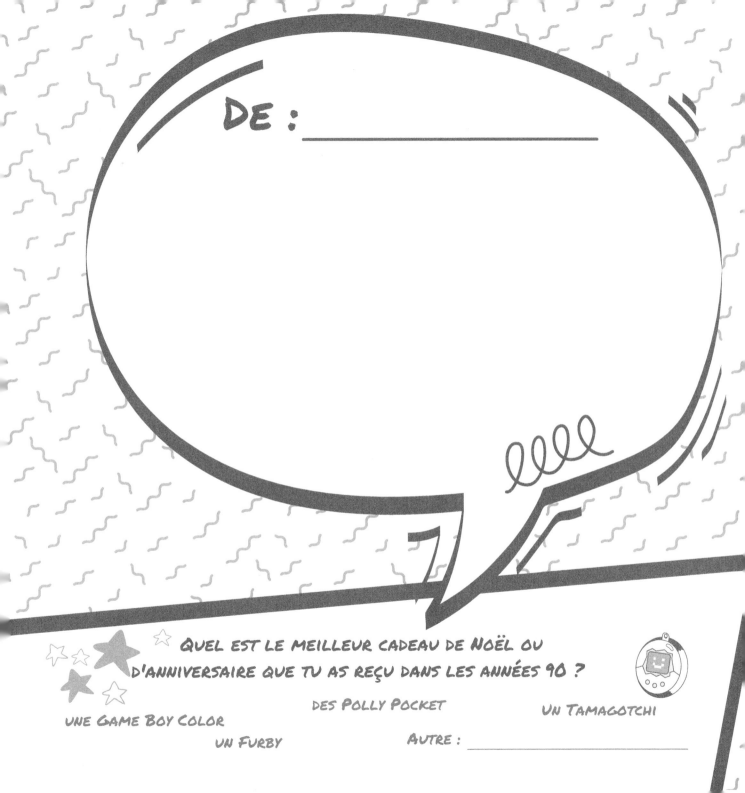

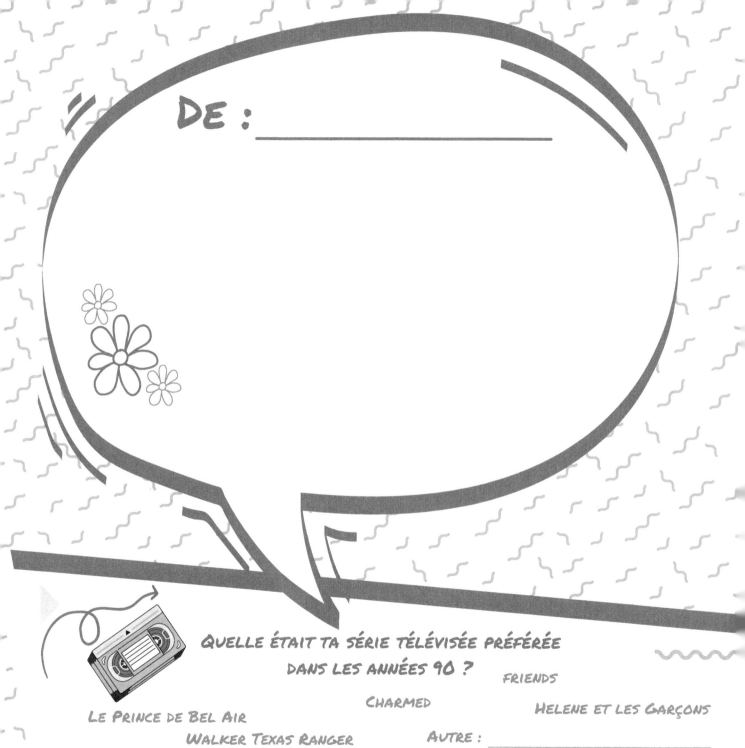

DE : _____

**AU GOÛTER DANS LES ANNÉES 90, TU MANGEAIS QUOI ?**

DES BERLINGOTS DE LAIT CONCENTRÉ        DU DANAO

UN PITCH            UN MR FREEZE            DES BN

DES TARTINES DE NUTELLA        AUTRE : _____

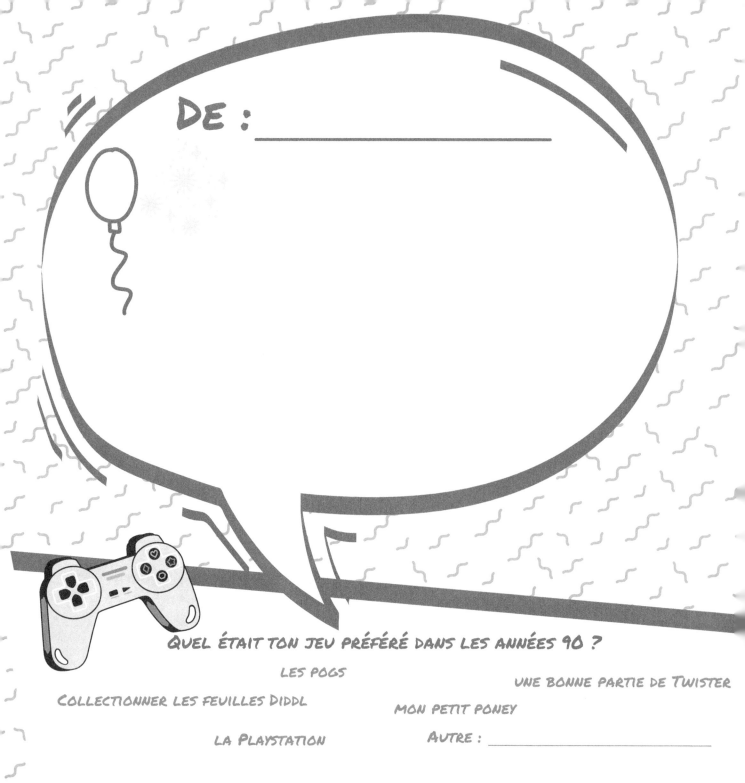

DE : _____

QUEL ÉTAIT TON JEU PRÉFÉRÉ DANS LES ANNÉES 90 ?

LES POGS

UNE BONNE PARTIE DE TWISTER

COLLECTIONNER LES FEUILLES DIDDL

MON PETIT PONEY

LA PLAYSTATION

AUTRE : _____

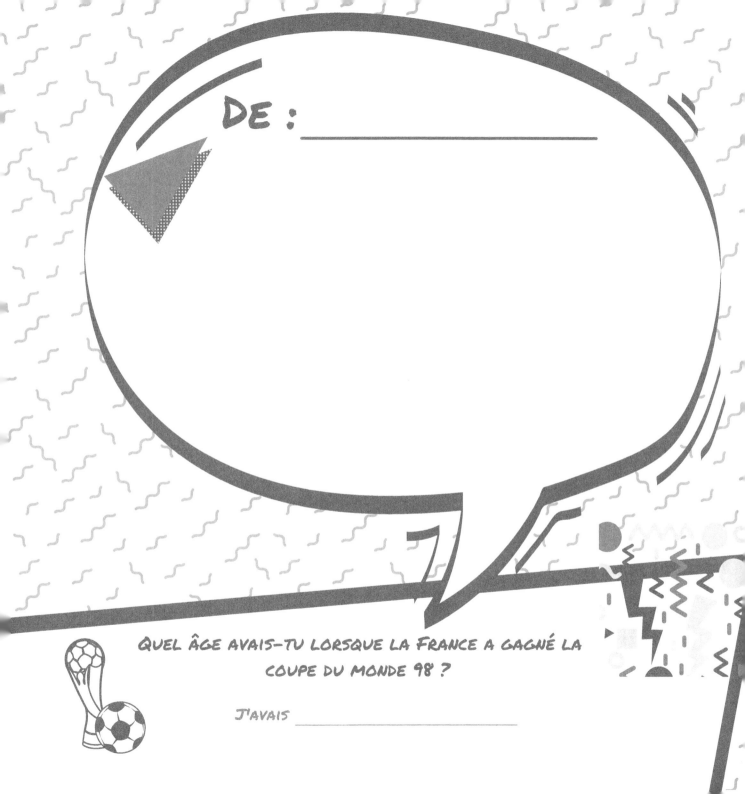

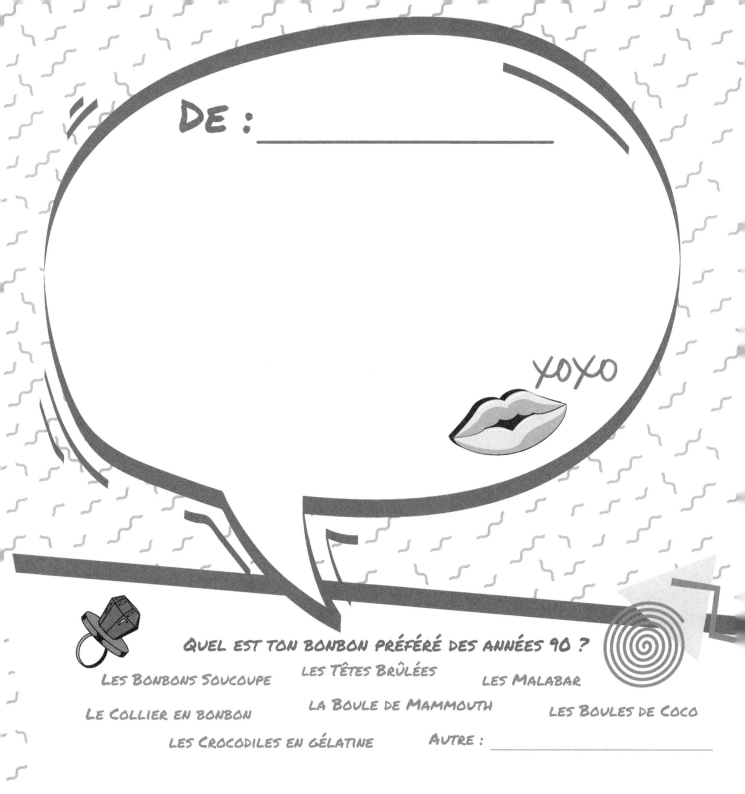

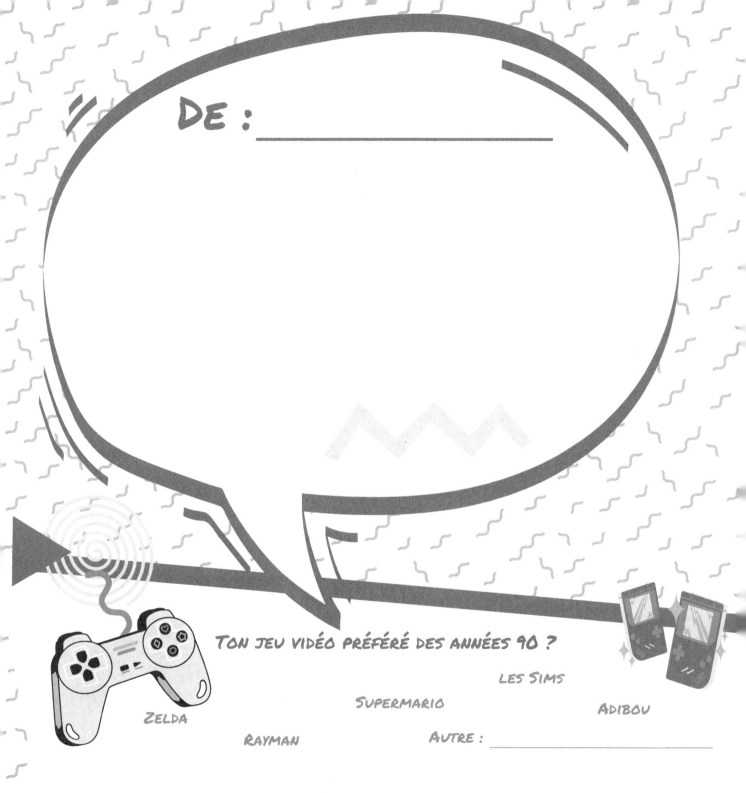

DE : _____

**Quel est le meilleur cadeau de Noël ou d'anniversaire que tu as reçu dans les années 90 ?**

une Game Boy Color
un Furby
des Polly Pocket
Autre : _____
un Tamagotchi

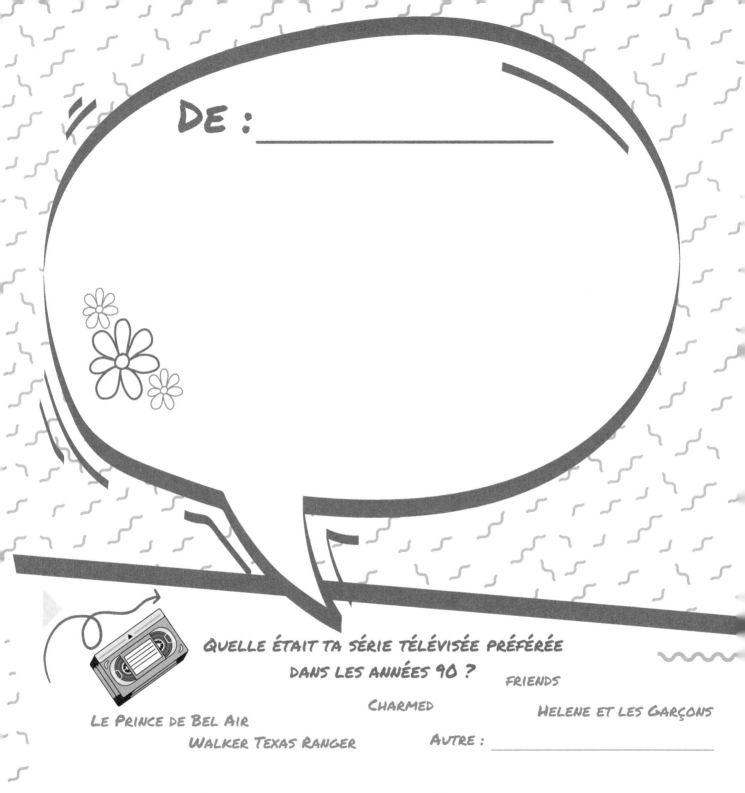

DE : _____

AU GOÛTER DANS LES ANNÉES 90, TU MANGEAIS QUOI ?

- DES BERLINGOTS DE LAIT CONCENTRÉ
- DU DANAO
- UN PITCH
- UN MR FREEZE
- DES BN
- DES TARTINES DE NUTELLA
- AUTRE : _____

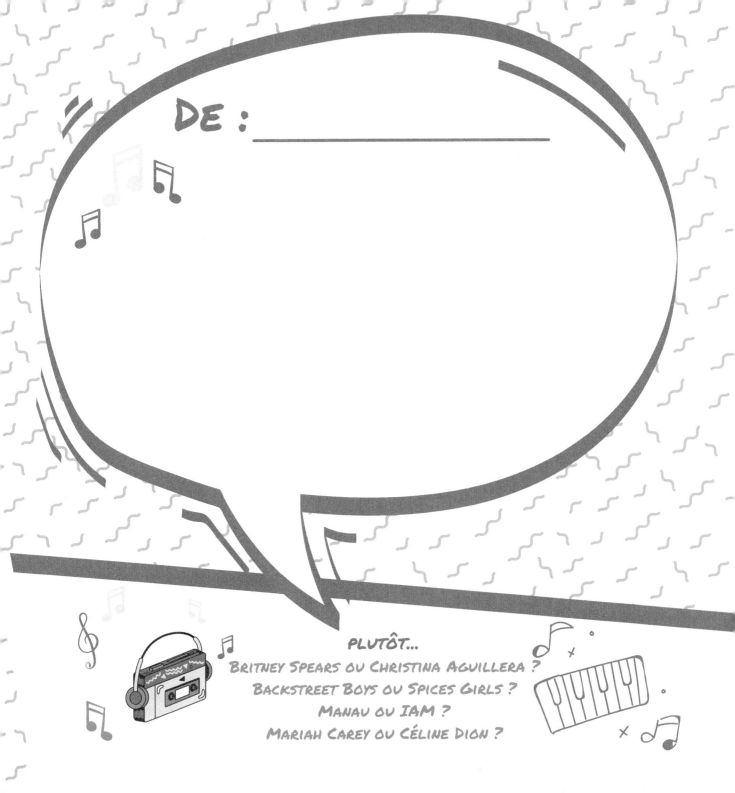

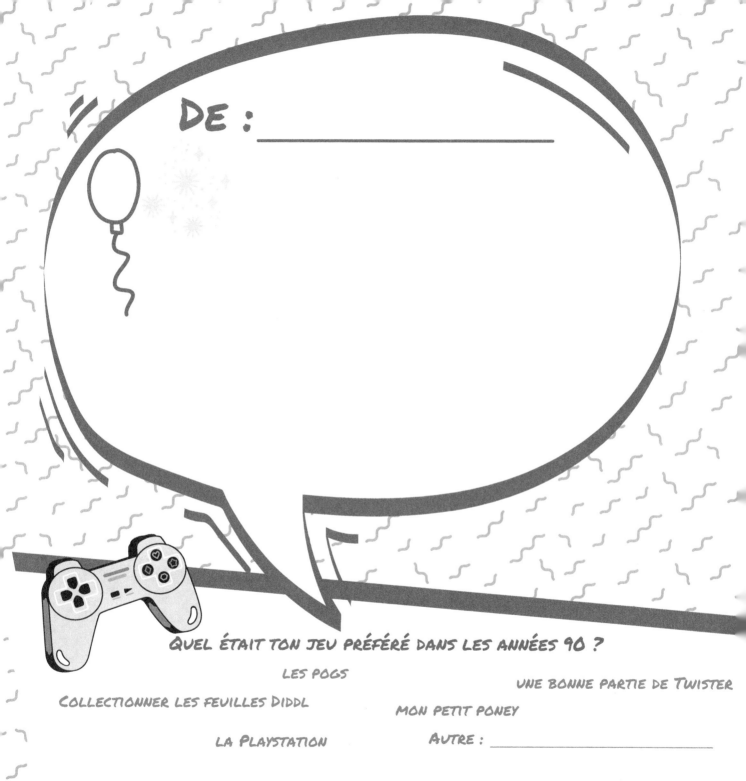

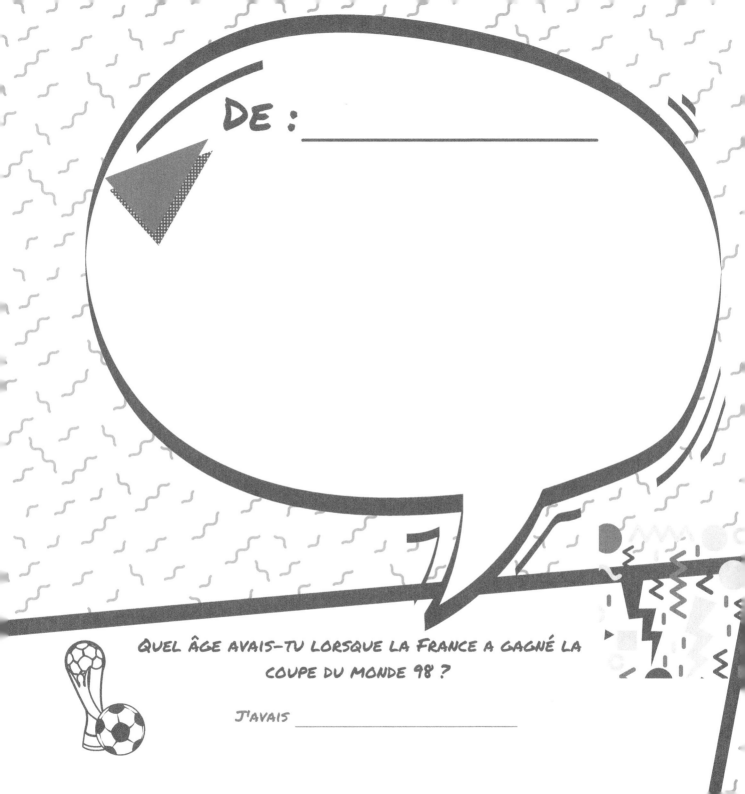

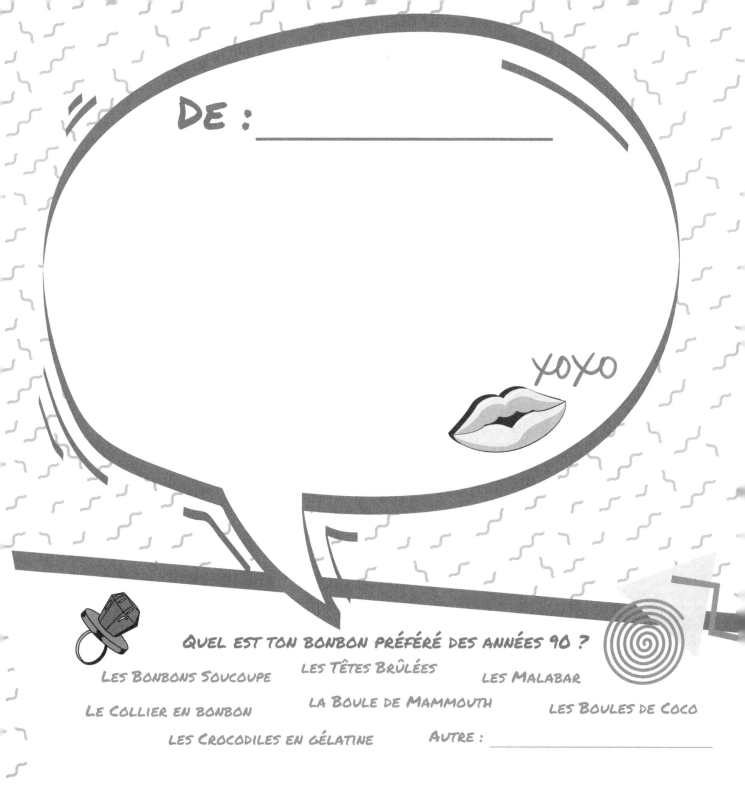

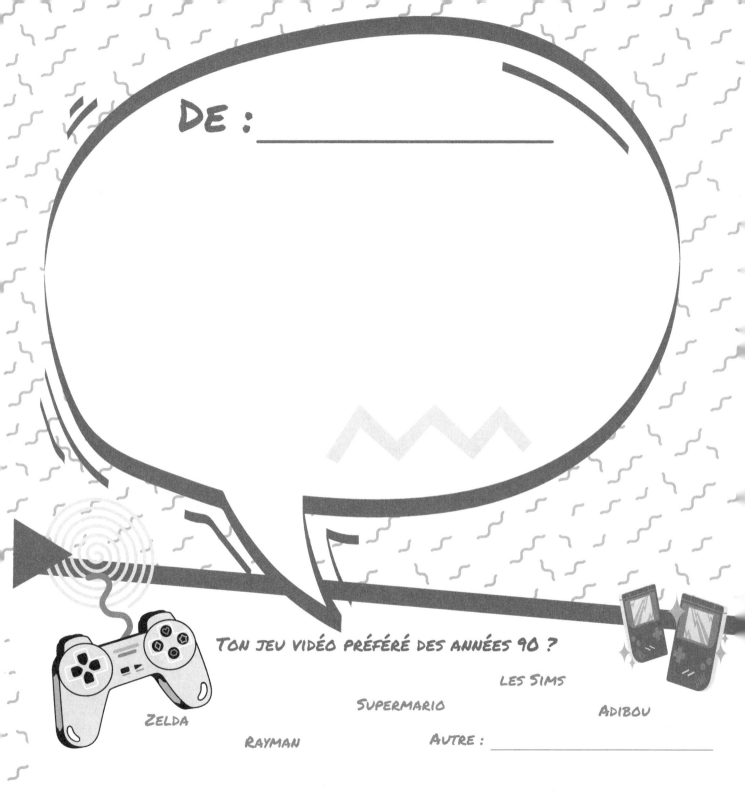

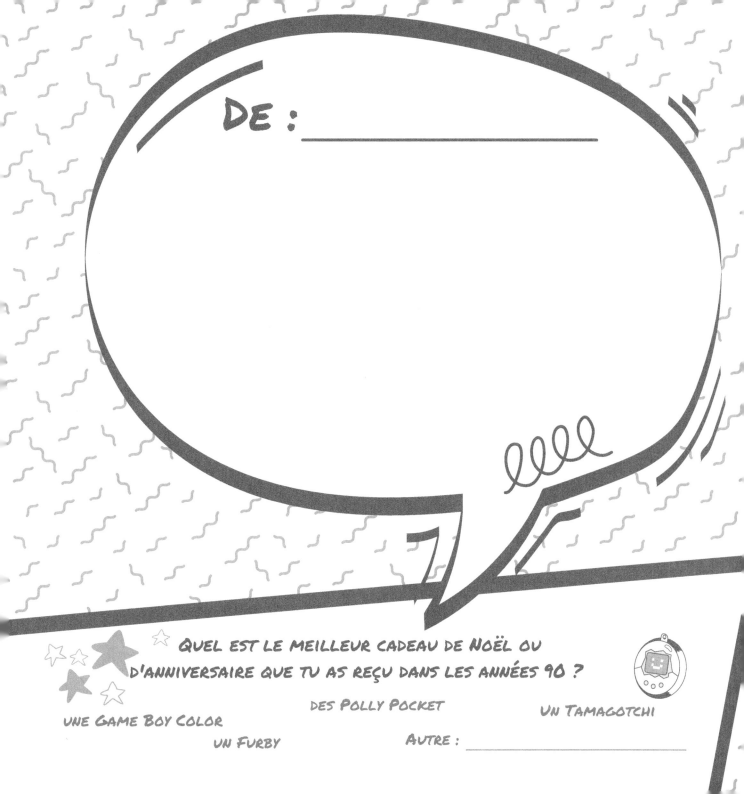

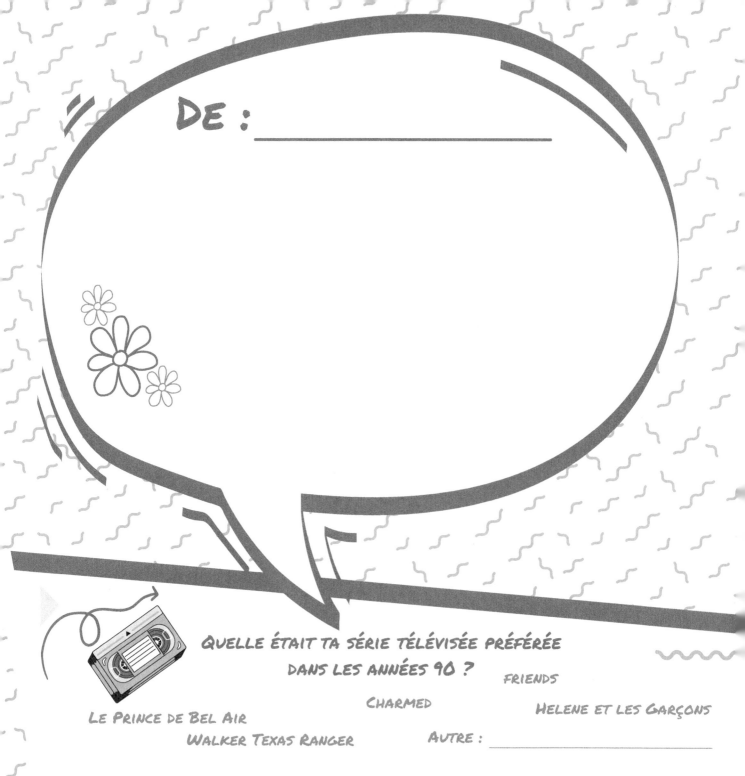

DE : _____

**AU GOÛTER DANS LES ANNÉES 90, TU MANGEAIS QUOI ?**

- DES BERLINGOTS DE LAIT CONCENTRÉ
- DU DANAO
- UN PITCH
- UN MR FREEZE
- DES BN
- DES TARTINES DE NUTELLA
- AUTRE : _____

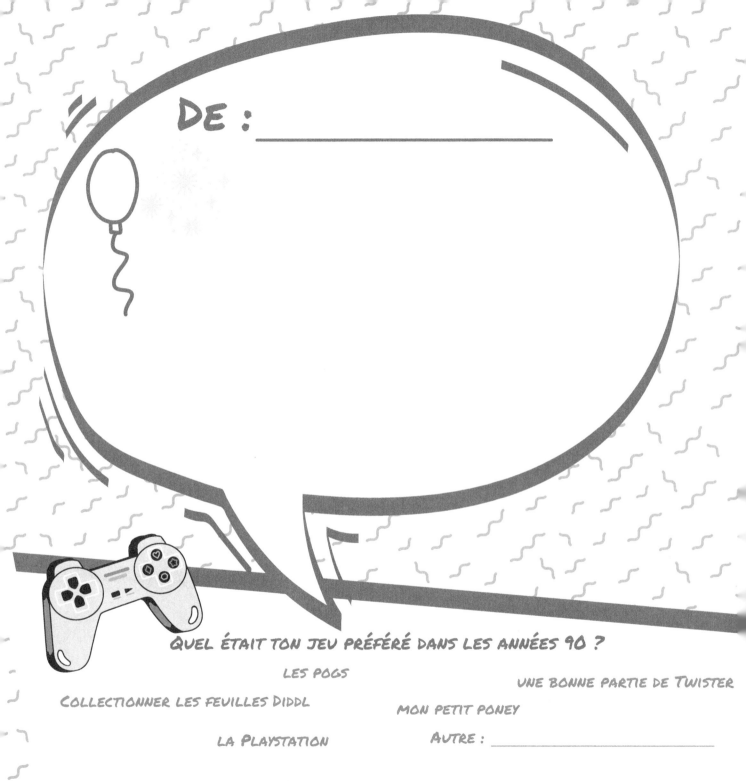

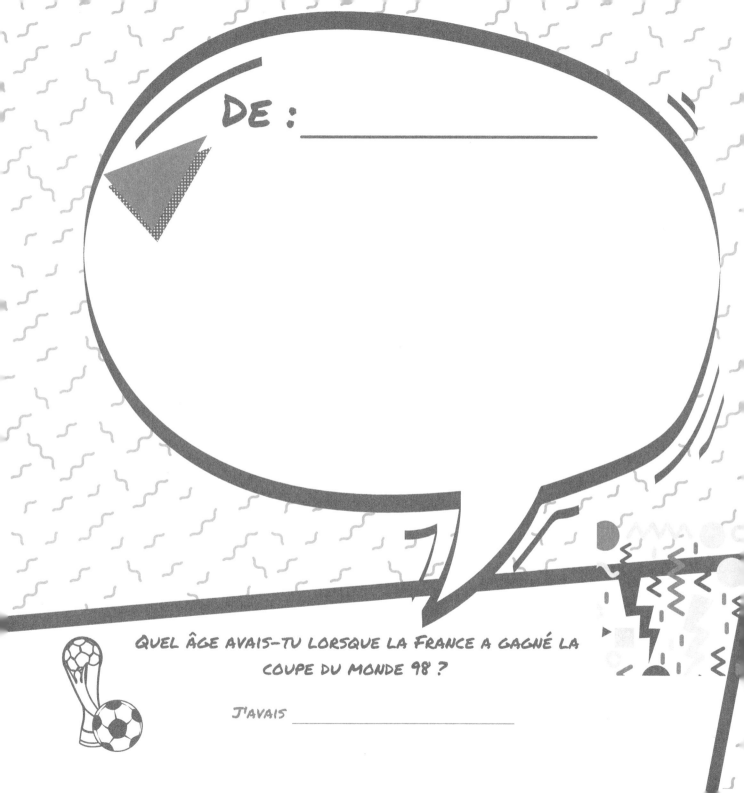

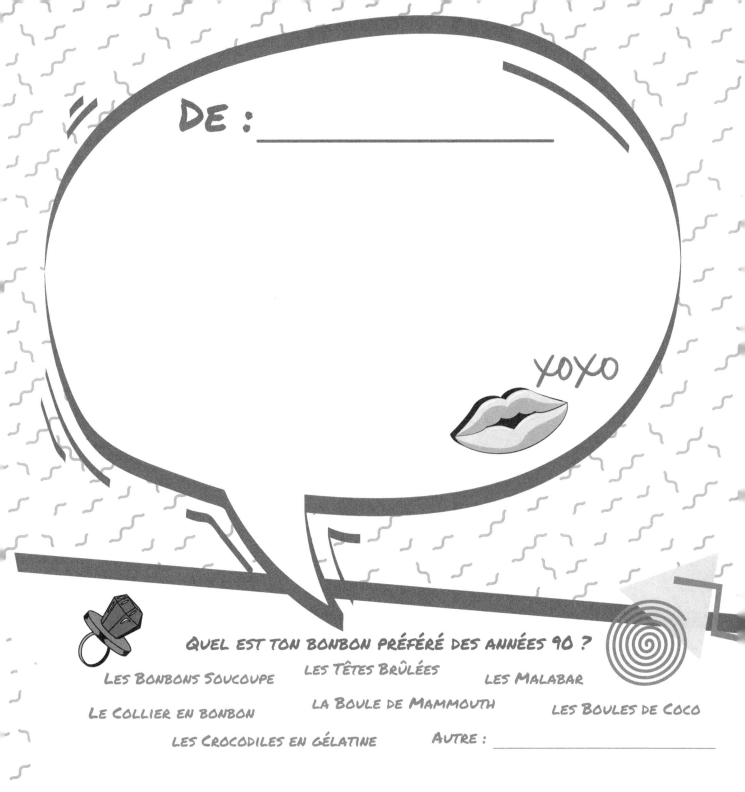

DE : _____

TON JEU VIDÉO PRÉFÉRÉ DES ANNÉES 90 ?

LES SIMS
SUPERMARIO
ZELDA                                    ADIBOU
      RAYMAN        AUTRE : _____

# REGISTRE DES CADEAUX

| INVITÉ | CADEAU |
|--------|--------|
|        |        |
|        |        |
|        |        |
|        |        |
|        |        |
|        |        |
|        |        |
|        |        |
|        |        |
|        |        |

# REGISTRE DES CADEAUX

INVITÉ                                    CADEAU

# REGISTRE DES CADEAUX

INVITÉ    CADEAU

# REGISTRE DES CADEAUX

| INVITÉ | CADEAU |
|--------|--------|
|        |        |
|        |        |
|        |        |
|        |        |
|        |        |
|        |        |
|        |        |
|        |        |
|        |        |
|        |        |

Printed in France by Amazon
Brétigny-sur-Orge, FR